持続可能な地球のために──いま、世界の子どもたちは

温暖化をくいとめよう
環境

本木洋子 著

畑が干上がって実がならなかった作物を手にする子どもたち。
ユニセフは干ばつで厳しい状況にあるジンバブエの子どもたちを支援している。

新日本出版社

地球を守る17の目標＝SDGs

「SDGs」って、知っていますか。

聞きなれない言葉ですが、"Sustainable Development Goals"の略で、「持続可能な開発目標」という意味です。

地球の開発と発展が将来もずっとつづくよう、国際連合（以下国連）で定めた世界の目標です。

2015年9月、世界150か国以上の代表がニューヨークの国連本部に集まりました。地球が抱える問題や将来について話し合い、2030年までに達成すべき世界の目標を定めました。

これがSDGs、「持続可能な開発目標」です。

世界には、およそ75億人の人びとがくらしています。

その8割以上が開発途上国にくらし、およそ8億人が極度の貧困と飢餓に苦しんでいます。

飢えで命を落とす人は1分間に17人。

5歳未満の幼い子どもが、5秒に一人の割合で亡くなっています。

毎日1,600人以上の子どもが、不衛生な水による病気で命を落としています。

世界の5,800万人の子どもは学校にいけません。

戦争や紛争に巻き込まれて難民になっている人は6,500万人を超え、その半数は子どもです。

また、地球規模の気候変動は、世界各地で有史以来最悪の干ばつや大洪水

　を引き起こし、子どもたちの安全な生活を奪っています。
　「持続可能な開発目標」＝SDGsは、世界中のすべての人びとが平和で健やかな2030年を迎えられるよう、17の目標を掲げました。
　本書はこの中から特に子どもたちを守る目標に注目し、世界の各地で「いま」を生きる子どもたちの様子を見つめていきたいと思います。
　地球に生きるすべての子どもが、安心して、安全な未来を迎えられるよう、わたしたちにできることはなんでしょうか。
　いっしょに学び、考えていきましょう。

持続可能な地球のために
―いま、世界の子どもたちは―

　本書は、SDGsのなかからおもに子どもに関わる目標に注目し、テーマ別に以下の4巻で構成します。巻ごとのタイトルと、それにかかわるSDGsを紹介します。

1巻

安心してくらしたい【貧困と飢餓】

目標1　世界中のあらゆる貧困をなくそう。

目標2　あらゆる飢餓を終わらせよう。

2巻

学校にいきたい【教育】

目標4　すべての人に公平で質の高い教育を。

目標5　あらゆる場面でジェンダー（男女差）の平等をめざそう。

3巻

健康で生きたい【保健・衛生】

目標3　すべての人に健康と福祉を。

目標6　世界中の人が安全な水とトイレを使えるように。

4巻

温暖化をくいとめよう【環境】

目標7　すべての人が持続可能なエネルギーを得られるように。

目標13,14,15　地球規模の気候変動と自然環境の破壊に対して。

「SDGs＝持続可能な開発目標」は、巻末ページに掲載しています。

4巻 温暖化をくいとめよう
【環境】

もくじ

地球を守る 17 の目標＝ SDGs	…………………………………	2
1	気候変動って？ …………………………………	6
2	世界をおそうエルニーニョ現象 …………………	8
3	自然の力をエネルギーに …………………………	10
4	軍隊をもたない平和な国で【コスタリカ】 ………………	12
5	海にかこまれた国々の取り組み …………………	13
6	地球の海は …………………………………………	14
7	日本はマイクロプラスチックのホットスポット …………	16
8	地球をおそう大気汚染 ……………………………	18
9	地球から森がきえていく …………………………	20
10	野生の生きものがいなくなる！ …………………	22
11	砂漠が押し寄せる！【セネガル】 …………………	24
12	パリ協定——世界が知恵をしぼった！ …………	26
13	2030 年のあなたへ——誰一人取り残さない …………	28
未来ある地球のために	………………………………	30

1 気候変動って？

「気候変動」という言葉を知っていますか。

　地球の気候は、かつてないほど大きな変化をおこしています。世界中でおこる洪水や干ばつ、熱波や巨大台風などの災害は、気候変動によるものです。

　その原因は温室効果ガスによる地球の温暖化。

　20世紀後半から地表の平均気温があがりつづけています。わたしたち人間の活動が、温暖化をすすめてしまったのです。

　地球でおきる自然災害の90パーセントは、気候が原因だといわれます。

　森林や草地の分布が変化して、砂漠化がすすんでいます。

　海面の上昇で沿岸地や島が水没する危険がましています。

　熱中症や、マラリア、デング熱などの感染症がふえています。

　2050年には世界の人口は98億と予測されていますが、気候変動によって食糧の生産がおいつかずに、たくさんの人たちが飢えに直面します。

　21世紀を生きるわたしたちは、人類の未来のために、この気候変動をおさえなければなりません。

「地球温暖化」が問題になり、国際的な取り組みがはじまったのは、1992年のことです。ブラジルのリオデジャネイロで開かれた、環境に関する地球サミット（国連環境開発会議）がきっかけでした。

　その後1997年に採択された「京都議定書」は、2012年までに先進国の温室効果ガスを、1990年にくらべて5パーセント減らすことを決めました。

　いまは2013年から2020年までの第2約束期間に入っています。

世界人口予測

　21世紀になる直前に、世界の人口は60億人に達し、2011年には70億人。たった10数年で10億人もふえ、この急速な人口の増加は「人口爆発」といわれる。

　2017年、国連は「世界人口予測2017年改訂版」を発表したが、それによると2030年までに86億人、2100年には112億人に達するという。

出典:平成22年版「環境・循環型社会・生物多様性白書」(環境省)

世界の二酸化炭素排出量(2015年)

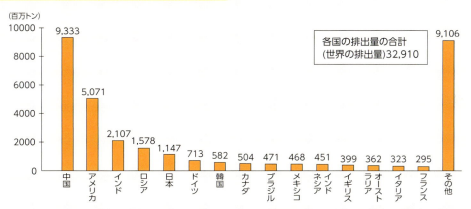

出典:EDMC/エネルギー・経済統計要覧2016年版

温室効果ガス

二酸化炭素(CO_2)・メタン・オゾンなど温室効果をもたらす気体のこと。二酸化炭素は、地球温暖化への影響が一番大きい温室効果ガス。

2 世界をおそうエルニーニョ現象

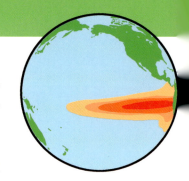

　南米ペルー沖の海水温が高くなるエルニーニョ現象は、地球規模の自然現象です。数年にいちど発生し、世界各地の異常気象の原因にもなります。

　2015～2016年にかけて発生したエルニーニョは、観測史上最大クラスの規模といわれています。アフリカでは干ばつ、アジア・太平洋地域、南アメリカの一部でも洪水や干ばつ、気温の上昇が大規模に発生しました。

　食糧不足から栄養不良などの健康被害が深刻化し、マラリアやデング熱、コレラなどの感染症もひろがりました。

　東アフリカのタンザニアでは、大雨と洪水によって安全な水が手に入りにくくなり、12,000人を超える人びとがコレラに感染してしまったのです。

　エルニーニョがおさまっても、飢餓や栄養不良、病気はすぐには解決しません。特に子どもたちは、命の危険にさらされつづけます。

アジア・太平洋地域

- インドネシア：雨がふらず乾燥によっておこる山火事がふえて、子どもの呼吸器性疾患につながる。
- パプアニューギニア：干ばつと冷害で150万人が食糧危機。
- フィジー：2016年のサイクロンが人口の40パーセントに影響。その後の洪水で農業に深刻な被害。サイクロンはインド洋やアラビア海に発生する熱帯低気圧で台風と同じ。

ラテンアメリカ・カリブ海地域

- グアテマラ：91万5,000人が食糧危機。
- ハイチ：150万人が緊急の食糧支援が必要。13万人の5歳未満児が急性栄養不良に。
- ホンジュラス：干ばつの影響130万人。そのうち25万人以上に緊急の人道支援が必要。

エルニーニョ現象:「太平洋赤道域の日付変更線から南米沿岸にかけて海面水温が平年より高くなり、その状態が1年程度続く現象です。」(気象庁 Web サイト)

平年

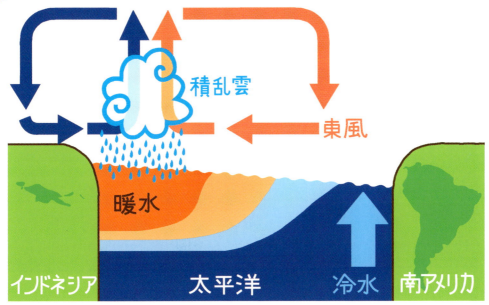

エルニーニョ現象がおこると・・・・

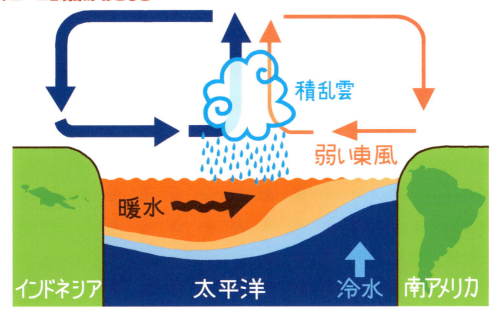

3 自然の力をエネルギーに

　暮らしのなかでなくてはならない電力。世界がいま目指しているのは、太陽光や水力、地熱、風力、潮流など自然の力を利用した再生可能エネルギーです。

　再生可能とは、自然界にあって、資源が尽きないエネルギーという意味。2011年には再生可能エネルギーが、全世界のエネルギー供給の20パーセントを占めるようになりました。

　アメリカ西部のオレゴン州の取り組みです。

　二酸化炭素（CO_2）排出量も多く、効率も悪い石炭火力発電を2035年末までに停止し、再生可能エネルギー発電をふやす法案が成立しました。

　温室効果ガス排出量が世界一だった中国でも、太陽光発電と風力発電が飛躍的にのびています。

　標高8,000メートルをこえるヒマラヤ山脈にかこまれたネパール。

　農村地域に住む人びとで電力をつかえるのは60パーセントといいます。

　このネパールでは、大規模なダムをつくるかわりにマイクロ水力発電を開発しました。ヒマラヤ山脈からながれる水が、発電所にながれこみ、発電機のはずみ車をまわして電力を生むというものです。

　地域ごとにつくられたマイクロ水力発電は、山奥の貧しい地域にも設置され、いまでは1,140基96万人以上の人が電力をつかえるようになりました。

マイクロ水力発電

環境にやさしい自然エネルギー。用水路や小さな川などの水の流れを利用した小規模な発電のこと。小規模発電ともいう。

© JICA

再生エネルギーの導入量

図2-2-7 再生可能エネルギーの累積導入量と年ごとの成長率

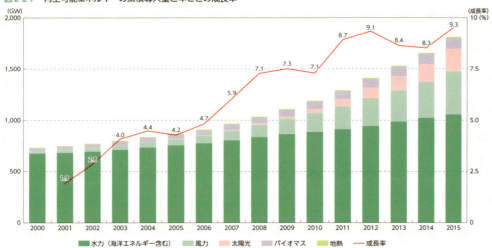

注：IRENA「REtinking Energy 2017」より環境省作成　　出典：環境省「平成29年度版環境・循環型社会・生物多様性白書」

洋上風力発電施設（デンマーク）ⓒ（公社）日本港湾協会

4 軍隊をもたない平和な国で【コスタリカ】

　カリブ海に面した中米の国コスタリカ共和国は、日本からおよそ13,000キロメートル。

　九州と四国をあわせたほどの小さな国に、およそ450万人が住んでいます。

　自然エネルギー100パーセントを目標にしている、コスタリカ。

　現在99.5パーセントを、水力や地熱、風力の再生可能なエネルギーが占め、原子力発電もありません。火山の多いコスタリカは地熱発電ではアメリカ合衆国、メキシコについで、アメリカ大陸で第3位です。2018年には、輸送部門も二酸化炭素を多く排出するガソリンやディーゼルをやめ、100パーセントのクリーン化を宣言しました。

　コスタリカには軍隊もありません。1949年につくった憲法で「軍隊をもたない」と定めたのです。その分の国の予算を教育費にまわし「兵士の数ほど教師を」とかかげました。いまは識字率98パーセントの教育国家です。

© JICA

5 海にかこまれた国々の取り組み

　海のエネルギーを電力に変えることを海洋発電といいます。

　海の波の力を利用した波力発電や、海流の力を利用した潮流発電、海洋温度差発電、洋上風力発電などのことです。

　世界3位の海岸線の長さを持つインドネシアや、やはり海にかこまれたニュージーランド、ノルウェー、アイスランドなどは、自然エネルギーを利用した電力先進国といえます。

　原子力船が自国の海域に入ることを認めないという法律があるニュージーランドは、電力のほとんどが自然エネルギーです。

　このように石炭や石油などの化石燃料にたよらない電力は、2030年ころには世界に普及すると予測されています。

　日本でも、一年中安定した発電ができる潮流発電の実用化をめざして取り組みをはじめています。

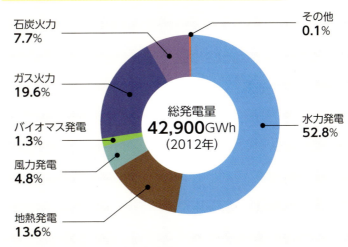

ニュージーランドの総発電量(2012年)

- 石炭火力 7.7%
- ガス火力 19.6%
- バイオマス発電 1.3%
- 風力発電 4.8%
- 地熱発電 13.6%
- 水力発電 52.8%
- その他 0.1%

総発電量 42,900GWh (2012年)

出典：Energy in New Zeeland 2013

潮流発電

　潮の流れを利用して電気を生むのが潮流発電。潮流は潮の満ち引きによって規則的に流れるから、発電量が予測できる。また海水の流れをつかうため燃料費が要らない、持続可能なエネルギーといえる。

6 地球の海は

　地球が誕生したのは46億年前。

　それからおよそ5億年たって、海で生命が生まれました。地球の表面の70パーセントをおおう海は、ながいときをかけて数えきれない生物の種をはぐくんできました。

　その海の酸性化が問題になっています。

　ものを燃やして発生するのが二酸化炭素（CO₂）です。18世紀にヨーロッパを中心に産業革命がおこり、世界の工業が発展しました。地球をあたためる温室効果ガスの代表である二酸化炭素の濃度が急激にあがりはじめたのは、産業革命後。いまはそのころにくらべて、空気中の二酸化炭素濃度は40パーセントも上昇しています。

　空気中の二酸化炭素は、すこしずつ海や川にもとけこんでいっていますが、量がふえると、海にとけこむ量もふえていきます。

　そのことで、もともと弱いアルカリ性である海の酸性化がすすんでしまうのです。

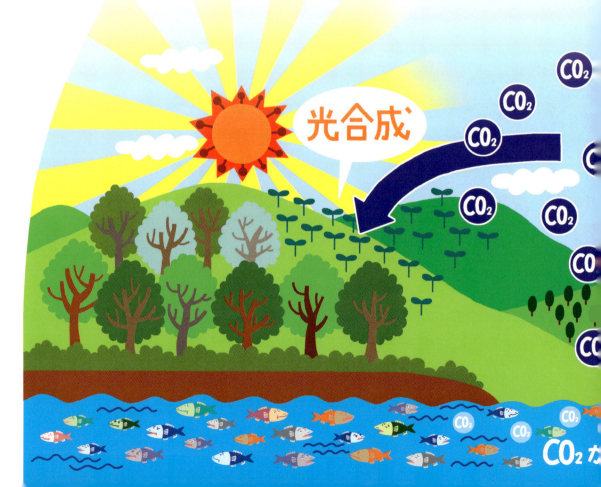

海の酸性化は、植物プランクトンや動物プランクトン、サンゴや貝類、エビやカニなど甲殻類の成長をさまたげ、海の生物の生態系をおびやかします。

　日本沿岸でも酸性化がすすみ、東京湾などでは外洋の10倍もの速さで酸性化がすすんでいると言います。

生態系

　空気や水、土などの自然環境のなかで、すべての生きものは、それぞれがつながりあい影響しあってバランスを保っている。この仕組みを生態系という。生態系は、バランスがひとつでもくずれると取り返しのつかない打撃をうけてしまう。

7 日本はマイクロプラスチックのホットスポット

　海の汚染にはプラスチックゴミがおおきくかかわっています。

　自然には分解されないプラスチックゴミは、毎年800万トン以上も海流や風に乗って、世界中の海にただよっています。

　2050年ころには魚の量をうわまわるという予測もあります。

　これらのゴミは、クジラやイルカなどにからまったり、魚が食べてしまったりして、海の生きものたちの命をうばっています。

　直径5ミリメートルよりこまかいマイクロプラスチックは、回収することもできないゴミです。

　マイクロプラスチックには2種類あって、そのひとつが歯磨き粉や洗顔料などに利用されるマイクロビーズなど。排水溝などを通じて川や海にながれます。

　もうひとつはレジ袋やペットボトル、ストローなどが、紫外線や波によって細かく砕かれたものです。多くは埋め立て地に廃棄されていますが、リサイクルの過程できちんと処理されなかったり、不法投棄されて、大量に川や海に流出しているのです。

　とても小さな粒になったマイクロプラスチックを、魚がえさとまちがえて食べると、体内にたまります。その魚を食物連鎖によってほかの魚や鳥がたべ、わたしたち人間もたべることにつながります。

　プラスチック問題は「地球規模の脅威」ととらえ、ヨーロッパなどではレジ袋の規制がすすんでいます。

マイクロって？

　とても小さいという意味で、フランス語で「ミクロ」、マイクロはギリシャ語。「ミクロの世界」「マイクロフィルム」「マイクロスコープ」など。100万分の1の単位。マイクロビーズは直径0.5ミリメートル以下のプラスチック粒子のこと。

- フィンランド：プラスチック製レジ袋の使用を年間で1人あたり40枚を目標にしました。その結果、2017年にはレジ袋の使用量が大幅に減ったと発表。
- スウェーデン：マイクロプラスチックをふくんでいる歯磨き粉や洗顔料、シャンプーなどの販売を禁止。海岸のプラスチックゴミを回収する自治体にはゴミ回収費用を最大90パーセント助成すると発表。
- ケニア：スーパーマーケットだけでも1年におよそ1億枚のビニール袋が使われていますが、ビニール袋の生産、使用、輸入を禁止すると発表しました。
- イギリス：王室は、使い捨てのプラスチックの段階的な廃止を計画中。レストランやパブでもストローを使わない店がふえています。

　国連環境計画（UNEP）は、海洋プラスチックゴミ削減キャンペーンを実施しています。
　およそ1人が年間300枚のレジ袋を使っている日本には規制する動きはありません。環境省の実態調査によると、日本周辺の海域では、北太平洋の16倍、世界の海の27倍のマイクロプラスチックが存在しているといいます。

ⓒ United Nations Environment Programme

8 地球をおそう大気汚染

大気汚染は、火山噴火のように自然がおこすものもありますが、主にわたしたち人間の活動で空気がよごれてしまうことです。

光化学スモッグやPM2.5などが原因になります。

世界全体で健康被害がおきている大気汚染は、特に大都市において深刻な問題をひきおこしています。

大規模な山火事などによる煙害や工場や車の排気ガスによってでるPM2.5という汚染物質は、呼吸器の病気など健康に影響をあたえています。

2012年には、およそ300万人の若い人たちが、屋外での大気汚染が原因で死亡しました。その88パーセントは収入の低い人だと、世界保健機関（WHO）は発表しました。

世界では1歳未満児のおよそ1,700万人が、基準値の6倍以上の有害な空気の地域に暮らしています。これは子どもの肺に害をおよぼすだけでなく、脳の発達もさまたげる危険があるのです。

世界のPM2.5濃度

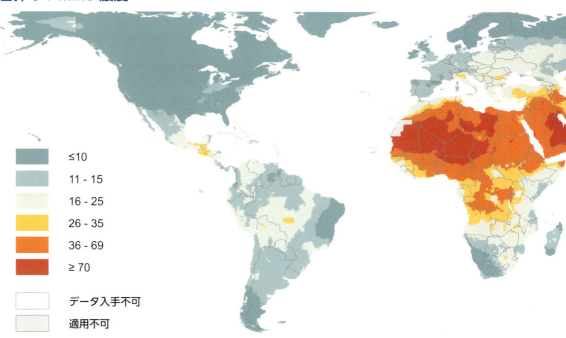

注：WHO「Ambient air pollution: A global assessment of exposure and burden of disease」より環境省作成
出典：環境省「平成29年度版環境・循環型社会・生物多様性白書」

- インド：2017年11月、首都ニューデリー。大気汚染のせいで学校が休校になった15校の子どもたちが、「わたしが呼吸する権利を」と、マスク姿で抗議のデモ行進をしました。空港の滑走路も一時閉鎖。ニューデリーの汚染レベルはWHOによる基準値のおよそ11倍、イギリスのロンドンの50倍。中国の北京よりもひどい汚染です。
- イラン：2017年12月、基準値を大幅にこえる汚染により、政府は首都テヘランをはじめ全国の小学校を休校に、炭鉱やセメント工場なども一時閉鎖にしました。
- モンゴル：首都ウランバートルでは、2018年1月に基準値の133倍をこえてしまいました。市街地のまわりには、移動式住居のゲルにおよそ84万人がすみ、その80パーセント以上が、冬につかっている石炭ストーブからでる煙が原因です。

PM2.5

大気中にただようとても小さな粒子（粒）のこと。直径はおよそ2.5マイクロメートル以下。1マイクロメートルは1ミリメートルの千分の一。目にはみえないごくごく小さな粒子の単位。

9 地球から森がきえていく

　地球上にある陸地のおよそ30パーセントが森林ですが、二酸化炭素を吸収して、栄養と酸素をつくりだす森林は、"自然のダム"ともいわれて、水をためる力ももっています。地球上の生物種の5〜8割が生息し、貴重な微生物や菌類などもいます。

　2014年、世界で1,800万ヘクタールの森林が失われ、そのうち990万ヘクタールは熱帯雨林でした。森林の減少がいちじるしいのは、東南アジアのミャンマーやカンボジアなど6つの国を流れるメコン川流域、西アフリカ、南アメリカのウルグアイ、パラグアイなどです。

　その原因は、森林を切り開いて土地を開発したり、燃料にしたり、パーム油やゴム、牛肉、大豆など商品になる作物をつくる牧場や畑にするためです。

　「地球の肺」ともいわれるブラジルのアマゾン熱帯雨林も、1年で18,000平方キロメートル（およそ四国とおなじ面積）きえています。

　アフリカ中央部にあるコンゴ盆地は、アマゾンにつぐ広大な熱帯雨林。人間活動の

森林面積上位10か国（2015年）

順位	国名	森林面積（千ha）	陸地面積に占める割合（%）	世界の森林面積に占める割合（%）
1	ロシア連邦	814,931	50	20
2	ブラジル	493,538	59	12
3	カナダ	347,069	38	9
4	米国	310,095	34	8
5	中国	208,321	22	5
6	コンゴ民主共和国	152,578	67	4
7	オーストラリア	124,751	16	3
8	インドネシア	91,010	53	2
9	ペルー	73,973	58	2
10	インド	70,682	24	2
10か国計		2,686,948	—	67
世界計		3,999,134	31	100

出典：世界森林資源評価2015（国際連合食糧農業機関）

影響もすくない地域です。「地球第2の肺」とも呼ばれていて、いま森林破壊の監視をするプロジェクトがすすんでいます。

インドネシア・スマトラ島

　ブキ・バリサン・セラタン国立公園には、スマトラトラやスマトラサイなどの絶滅の危機にある動物たちがいます。ユネスコの世界自然遺産にもなっている公園ですが、農園などへの開拓のために森林伐採がすすんでいました。

　この公園のとなりにある村で、森に流れる川の水を利用した小水力発電機が設置されたのは2015年。自然エネルギーによる発電は、それまで使っていたディーゼル発電機の燃料より安くすみ、CO_2排出もありません。

　このような取り組みで森を守ることは、動物たちのいのちを守ることにつながるのです。
〈WWF（世界自然保護基金）の活動より〉

小水力発電機

イギリス

　リバプールからハルまでの高速道路周辺に、北方森林を作るために、2018年から25年をかけて5000万本以上の木を植える計画をたてています。このことで鳥類やコウモリなどの生息地をひろげ、イギリスの在来種である赤リスなどの保護にもなる計画です。

ドイツ

　2011年、ドイツ政府と国際自然保護連合（IUCN）は、2020年までに森林1億5,000ヘクタールの再生をめざすとりくみをはじめました。「ボン・チャレンジ」という国際的なとりきめで、森林や景観の再生、とくに熱帯や亜熱帯の森林地帯の修復にとりくんでいます。ボン・チャレンジにはインドネシア、中国、ブラジルなどの政府や企業が参加。ボン・チャレンジとは、ドイツのボンで開催された会議 「森林・気候変動・生物多様性に関するボン・チャレンジ」のこと。

10 野生の生きものがいなくなる！

　地球にはどれくらいの種類の生物が生きているか、考えたことがありますか。

　300万から1億という、とてもあいまいな数しかわかっていません。

　2017年国際自然保護連合（IUCN）は、野生生物の「絶滅のおそれのあるレッドリスト」を発表しました。毎年発表しているものですが、最新版では、特に絶滅のおそれのある生物種は、およそ26,000種。2016年のおよそ24,000種に比べると、とんでもない速さで野生の生きものたちが、地球上から消えていることがわかります。

　野生の生きものたちの生息地である森林や草原、湿地などが、人間の活動によって、消えてなくなっているからです。

　わたしたち人間は自然を大きく変えてしまいました。森林を切り開いて街やゴルフ場、農地をつくり、海岸を埋め立て陸地にしたりして、野生の生きものが生きる場所をこわしています。

　それだけではありません。

　オオカミやカワウソなどの毛皮は服や敷物のために、サイやゾウの牙は薬や飾り物のために、水鳥の羽毛は服や寝具のために、たくさんの動物を乱獲しています。

絶滅のおそれのある動物や植物は、1973年にアメリカのワシントンで、動植物保護を目的に結ばれた「ワシントン条約」で守られているはずです。
　それにもかかわらず、国際的な密猟や密輸などで犠牲になる動植物はあとを断ちません。
　国連が発表した「持続可能な開発目標 報告2017」では、特に「野生生物の密猟は深刻な課題」と指摘し、陸上生物の保護をかかげています。

生物の多様性を守る国・コスタリカ

　中米の国コスタリカの面積は世界全体の0.03パーセントしかありませんが、地球上のすべての動植物のおよそ5パーセントが生息。憲法にも「環境保障」の章が記載してあり、国土の4分の1が自然保護対象地域。沿岸や島、熱帯雨林や乾燥林、火山、河川など全国に160もの保護地域があります。またスポーツとしての狩猟や、動物に芸をさせるサーカスを禁止して動物を守っています。2014年には国内に2か所ある動物園を閉鎖しました。

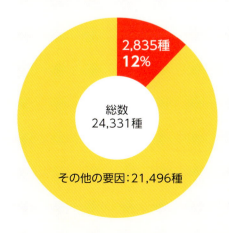

■地球温暖化を、絶滅危機の要因の一つとする絶滅危機種の割合

2,835種 12%
総数 24,331種
その他の要因：21,496種

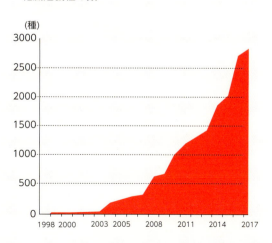

■地球温暖化が、絶滅危機の要因の一つとなっている絶滅危機種の数

注：IUCN REDLIST（2017）を基にWWFジャパン作成
出典：WWF webサイト「地球温暖化による野生生物の影響」

11 砂漠が押し寄せる！【セネガル】

　地球の砂漠が広がる原因は、気候変動による干ばつや乾燥化。森林の伐採やヒツジなど家畜の過放牧、乾燥地での大規模な水の利用などです。

　アフリカのサヘル地域は、サハラ砂漠の南の縁ぞいに、西はセネガル共和国から東のスーダン共和国まで、幅200～400キロメートルと帯状にひろがっています。1年の降雨量はおよそ6,000ミリメートル以下で、たびたび大干ばつにみまわれ砂漠化がすすんでいます。そのうえ人口増加や農耕地の拡大などが、砂漠化をいっそう早めているのです。

　サヘル地域の西の端にあるセネガル共和国は、標高200メートル以下の平らな土地が広がる国。冬の乾季には、サハラ砂漠から強風が吹いてきて、人びとは、「砂漠が押し寄せてくる」とおそれます。

　セネガルが独立したのは1960年のことでした。およそ300万人の人がいましたが、いまでは1,000万人にもなっています。人びとは食料を得るために、耕地をふやし、家畜を飼うために森林を伐採してきました。

　サヘル地域で取り組まれている巨大な緑の壁プロジェクトに参加したセネガルは、これまでに2万7,000ヘクタール以上の荒れ地に、アカシア・セネガルの木などを植林しています。

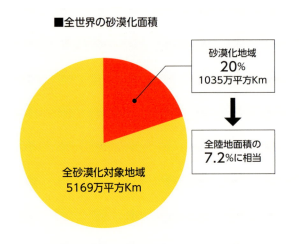

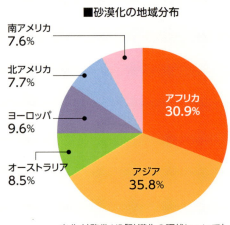

出典:外務省HP「砂漠化の現状について」

巨大な緑の壁プロジェクト（The Great Green Wall）

　2007年にアフリカ連合（AU）によって、サハラ砂漠の拡大をくいとめるプロジェクト「巨大な緑の壁」がスタートしました。サヘル地域の緑化事業です。最終的には土地の回復、食糧の提供、働く人の確保、さらに年間2億5,000万トンもの二酸化炭素の吸収をかかげています。砂漠地帯の緑化はかんたんにはいきません。それぞれの国の自然環境や地域性を生かした取り組みが求められています。

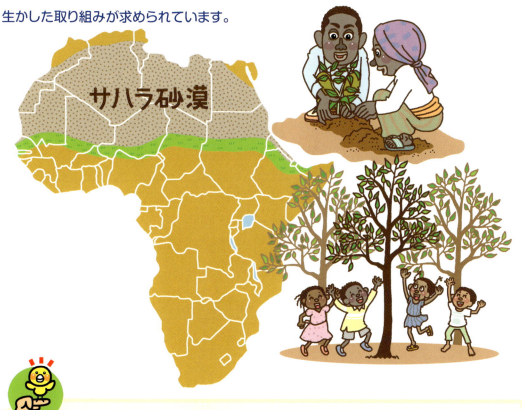

サハラ砂漠

　アフリカ大陸北部にあって、面積はおよそ1000万平方キロメートル。アメリカ合衆国（アラスカをのぞく）とほぼ同じで、世界最大の砂漠。サハラという言葉はアラビア語で「荒れ地」の意味。

12 パリ協定──世界が知恵をしぼった!

「パリ協定」を知っていますか。

世界中で行動しなければならない、地球の温暖化についての取り決めです。

2015年、地球の温室効果ガスがこのまま大気中にふえつづければ、人類をはじめあらゆる生態系に重大な影響をあたえてしまうと、フランスの首都パリに世界中の国があつまって話し合いました。

1997年に決められた「京都議定書」は、先進国だけに温室効果ガス削減の責任を求めました。パリ協定では、先進国、開発途上国の区別なく、すべての国と地域が責任をもつことにしたのです。196か国・地域が参加して採択。2016年11月までに、90か国以上の国が批准をすませ、正式に発効しました。

産業革命前とくらべた世界平均気温の上昇幅を、2℃未満とすることと、21世紀後半には温室効果ガス排出をゼロにするのが目標です。先進国ばかりでなく、すべての国が削減に加わることを義務づけた歴史的な取り決めです。

ところが2017年、アメリカのトランプ大統領は、とつぜんパリ協定からぬけると発表しました。世界中がおどろき、失望しました。

アメリカは世界で2番目に二酸化炭素（CO_2）を排出している国です。それでもロサンゼルス、シカゴ、ボストン、シアトルなどの市長たちは、パリ協定で定めた排出削減目標を支持しています。

103番目に批准した、世界第5位の排出国である日本も、重い責任を負っています。

産業革命

18世紀後半にイギリスではじまった技術革命。蒸気機関車などが発達して工場などが機械化され経済や社会が大きく変化した。石炭などの化石燃料がつかわれるようになり、人びとのくらしも豊かになって、その後は爆発的に世界の人口がふえていった。

世界の二酸化炭素排出量に占める主要国の排出割合と各国の一人当たりの排出量の比較（2015年）

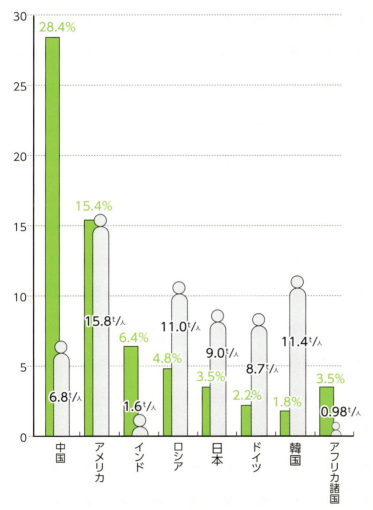

出典：EDMC/エネルギー・経済統計要覧 2018年版

＊国別排出量比は世界全体の排出量に対する比で単位は[％]
排出量の単位は[トン／人 - エネルギー起源の二酸化炭素（CO_2）]

13 2030年のあなたへ──誰一人取り残さない

　世界の子どもたちがおかれた状況は、ユニセフが毎年「世界子供白書」で発表しています。白書は、開発途上国の子どもたちがおかれた現実の姿が中心ですが、それとは別に先進国の子どもに関する「レポートカード」もだしています。

　先進国といわれる豊かな国でも、子どもをとりまく状況はきびしくなるなかで、2000年から毎年だしている報告書です。2017年のテーマは、「未来を築く：先進国の子どもたちと持続可能な開発目標（SDGs）」でした。

　これは、SDGsの目標から、18歳未満の子どものくらしを取り上げたもの。41か国の先進国の子どもの状況に順位をつけた、初めての通信簿です。

　日本の子どもはどうでしょうか。

1位 ── 栄養・就労
8位 ── 健康
10位 ── 教育
23位 ── 貧困
32位 ── 格差

　ほかの国々にくらべてすぐれているのは、「栄養」「就労」「健康」「教育」。深刻なのは23位の「貧困」と32位の「格差」、36位の「消費と生産」です。

　「貧困」については、貧困をへらすという国の社会保障が十分な成果をあげていないと指摘しています。「格差」は格差がひろがると、経済的な事情で進路や学力に大きな差がうまれてしまいます。裕福な家庭の子どもは、いっそう豊かになり、貧困家庭の子どもは、貧しさからぬけだせないことになってしまうのです。

　総合ランキングの上位はドイツや、ノルウェー・デンマークなど北欧の国。アジアでは韓国が8位、日本は12位です。フランスは19位、アメリカは37位になっています。

　「誰一人取り残さない」というSDGsのテーマは、開発途上国と先進国、全世界が本気をだして取り組まなければならない課題なのです。

SDGs 目標の指標と日本の順位

SDGs 目標	指標	日本の順位（上から）
1 貧困の撲滅	子どもの相対的貧困率（中央値の 60% が基準）、社会移転による子どもの貧困率の削減幅、多次元の貧困状態にある子どもの割合	23
2 飢餓の解消	食料の確保が不安定な世帯に属する子どもの割合 (15 歳未満)、肥満児の割合 (11-15 歳)	1
3 健康	新生児死亡率、自殺率 (15-19 歳)、複数の精神上の問題症状があると答えた子どもの割合 (11-15 歳)、過去 1 カ月以内に酒に酔ったことがあると答えた子どもの割合 (11-15 歳)、10 代の出産率 (15-19 歳)	8
4 質の高い教育	読解力・数学・科学分野 (PISA テスト) で基礎的習熟度に達する子どもの割合 (15 歳)、就学前教育・保育参加率（就学 1 年前）	10
5 ジェンダー平等	15 歳までに性的暴力を受けたと答えた女性 (18-29 歳) の割合、大学教育は女子よりも男子にとってより大切と答えたおとなの割合 日常的に家事を行う子どもの割合の男女差	－
8 質の高い就労	ニート率 (15-19 歳)、世帯内に就業者がいない子どもの割合 (18 歳未満)	1
10 格差の縮小	子どものいる世帯の所得分布の上位 10% の総所得が下位 40% の総所得に占める割合、相対的所得ギャップ（下から 10% にあたる所得と中央値とのギャップ）、社会経済的背景による PISA テストスコアの差	32
11 持続可能な都市と住環境	大気汚染 (PM2.5 年間平均濃度)	33
12 責任ある消費と生産	7 つのうち 5 つ以上の環境問題についてある程度またはよく知っていると答えた生徒 (15 歳) の割合	36
16 平和で包摂的な社会	殺人による子どもの死亡率 (19 歳以下)、過去 1 カ月以内に 2 回以上いじめを受けたと答えた子どもの割合 (11-15 歳)、15 歳までに身体的暴力を受けたと答えた女性 (18-29 歳) の割合	8

注：比較の対象は最大で 41 か国です（ただしデータの入手可能性により、指標ごとに比較対象国数は異なります）。詳しくは報告書をご覧ください。ジェンダー平等については、データが限られるため順位付けは行われていません。

出典：「レポートカード 14　未来を築く：先進国の子どもたちと持続可能な開発目標 (SDGs)」（ユニセフ）

未来ある地球のために

「持続可能な開発目標」＝SDGsは、17の目標と、さらに具体的な169の項目で構成されています。
ここでは、17の目標を紹介します。

目標1	あらゆる場所で、あらゆる形態の貧困に終止符を打つ

目標2	飢餓に終止符を打ち、食料の安全確保と栄養状態の改善を達成するとともに、持続可能な農業を推進する

目標3	あらゆる年齢のすべての人々の健康的な生活を確保し、福祉を推進する

目標4	すべての人々に包摂的かつ公平で質の高い教育を提供し、生涯学習の機会を促進する

目標5	ジェンダーの平等を達成し、すべての女性と女児のエンパワーメントを図る

目標6	すべての人々に水と衛生へのアクセスと持続可能な管理を確保する

目標7	すべての人々に手ごろで信頼でき、持続可能かつ近代的なエネルギーへのアクセスを確保する

目標8	すべての人々のための持続的、包摂的かつ持続可能な経済成長、生産的な完全雇用およびディーセント・ワークを推進する

目標9	レジリエントなインフラを整備し、包摂的で持続可能な産業化を推進するとともに、イノベーションの拡大を図る

目標10	国内および国家間の不平等を是正する

目標11	都市と人間の居住地を包摂的、安全、レジリエントかつ持続可能にする

目標12	持続可能な消費と生産のパターンを確保する

目標13	気候変動とその影響に立ち向かうため、緊急対策を取る

目標14	海洋と海洋資源を持続可能な開発に向けて保全し、持続可能な形で利用する

目標15	陸上生態系の保護、回復および持続可能な利用の推進、森林の持続可能な管理、砂漠化への対処、土地劣化の阻止および逆転、ならびに生物多様性損失の阻止を図る

目標16	持続可能な開発に向けて平和で包摂的な社会を推進し、すべての人々に司法へのアクセスを提供するとともに、あらゆるレベルにおいて効果的で責任ある包摂的な制度を構築する

目標17	持続可能な開発に向けて実施手段を強化し、グローバル・パートナーシップを活性化する

＊訳文およびロゴマークは 国際連合広報 センターによります。

協力
WWFジャパン
国際協力機構（JICA）
国連広報センター
日本港湾協会
日本ユニセフ協会

本木洋子・著
東京生まれ。著書に『大海原の決闘 クジラ対シャチ』『アンモナイトの夏』『よみがえれ、えりもの森』『おとなはなぜ戦争するのⅡ』（共著）（いずれも新日本出版社）、『日本文化キャラクター図鑑』（玉川大学出版部）などがある。日本児童文学者協会会員。

どいまき・絵
トキワ松学園女子短期大学グラフィックデザイン科卒業。作品に『たんじょうびのぼうけん』（フレーベル館）、『うんちさま』（金の星社）などがある。日本児童出版美術家連盟会員。

表紙写真：三井昌志

デザイン：商業デザインセンター
　　　　　松田珠恵

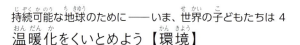

持続可能な地球のために――いま、世界の子どもたちは 4
温暖化をくいとめよう【環境】

2018年10月30日　初　版

NDC369　31P　27×19cm

著　　者	本木洋子
発 行 者	田所　稔
発 行 所	株式会社 新日本出版社
	〒151-0051 東京都渋谷区千駄ヶ谷 4-25-6
電　　話	営業 03(3423)8402　編集 03(3423)9323
振　　替	00130-0-13681
印　　刷	光陽メディア
製　　本	小高製本

落丁・乱丁がありましたらおとりかえいたします。

ⓒ Yoko Motoki　2018
ISBN978-4-406-06264-0　C8337 Printed in Japan

本書の内容の一部または全体を無断で複写複製（コピー）して配布することは、法律で認められた場合を除き、著作者および出版社の権利の侵害になります。小社あて事前に承諾をお求めください。

info@shinnihon-net.co.jp／www.shinnihon-net.co.jp